W9-BWX-014

# EL CÍRCULO DE LAS CALABAZAS

## Historia de un huerto

NORTH PULASKI BRANCH
4300 W. NORTH AVE.
CHICAGO, ILLINOIS 60639

**Historia de George Levenson**

*Fotografía de Shmuel Thaler*
*Traducción de Alberto Jiménez Rioja*

Tricycle Press
Berkeley/Toronto

De las semillas

de calabaza salen las plantas,

y de las plantas

las calabazas.

Chicago Public Library
North Pulaski Branch
4300 W. North Avenue
Chicago, IL 60639
(312) 744-9573

Dentro

de los frutos

el aire

es fresco,

y el interior

de semillas

está

lleno.

Semillas,

como

gemas

resbaladizas.

De su gruta anaranjada las sacas, las lavas, y guardas algunas

para sembrar. El resto te las comes y las regalas.

Cuando la tierra esté
mullida y tibia,
plántalas con cuidado
que están dormidas.

Y pasando unos días, pronto ya salen

las tiernas hojas verdes como alas de ave.

# En el jardín conviven grandes y chicas:

Spooky, Max y Lumina,

Le Grand y Munchkin la diminuta.

## Una familia grande con cinco primas

**nacida cada una**

**de distintas semillas.**

**Casi cada minuto**

**se despierta una planta,**

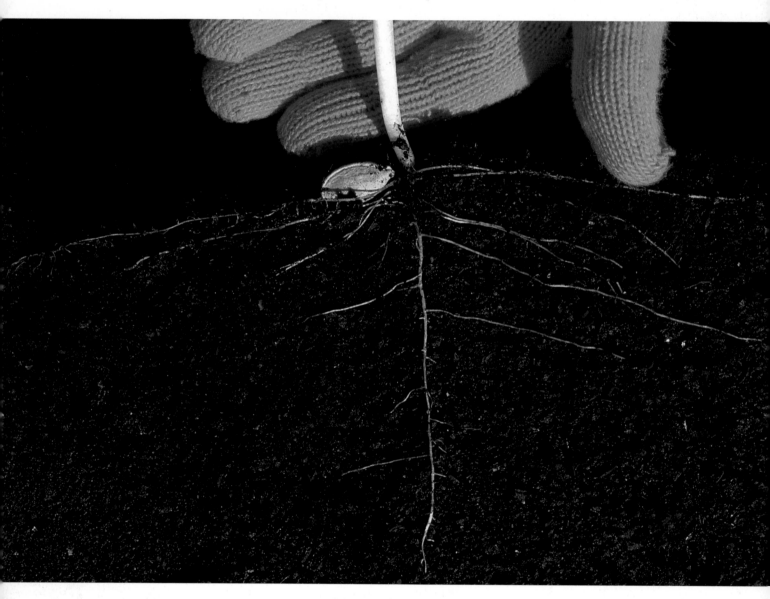

**con raíces de seda**

y hojas que danzan.

Y al paso de los días

crece tu huerto

que un verde mar parece,

un mar sin puertos.

Hacia el cielo despliegan sus grandes hojas

que pinchan

un poquito.

¡Mira qué hermosas!

El sol y el agua absorben para crecer de prisa.

Si te escondes debajo corre la brisa.

Los zarcillos crecidos parecen dedos

que tantean en busca de algún secreto.

Se enrollan como bucles de fantasía

y dan vueltas y buscan la luz del día.

# Y entonces, muy callados, nacen capullos

con espinitas suaves y pelo duro.

La corola entreabierta

que se llena de sol,

es fragante refugio,

áureo

crisol.

Las zumbonas abejas

se han dado cuenta

que un festín les espera

en nuestra huerta.

Mariposas, caracoles,

saltamontes, arañas,

van explorando el huerto,

lo recorren con ganas.

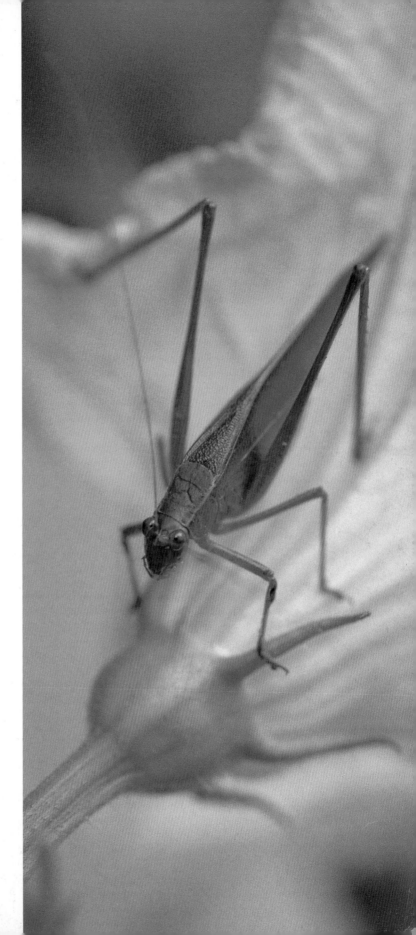

Cien días de sol y de aire,

cien de cuidados

LUMINA

y mi huerto que crece:

¡es un gusto mirarlo!

**Ponlas bien rectas sobre la tierra**

**para que crezcan redondas y muy derechas.**

**Para diferenciarlas de sus hermanas**

**escribe sus nombres por la mañana.**

O siéntate en tu silla

y contempla con placer

que las calabazas saben

lo que deben hacer.

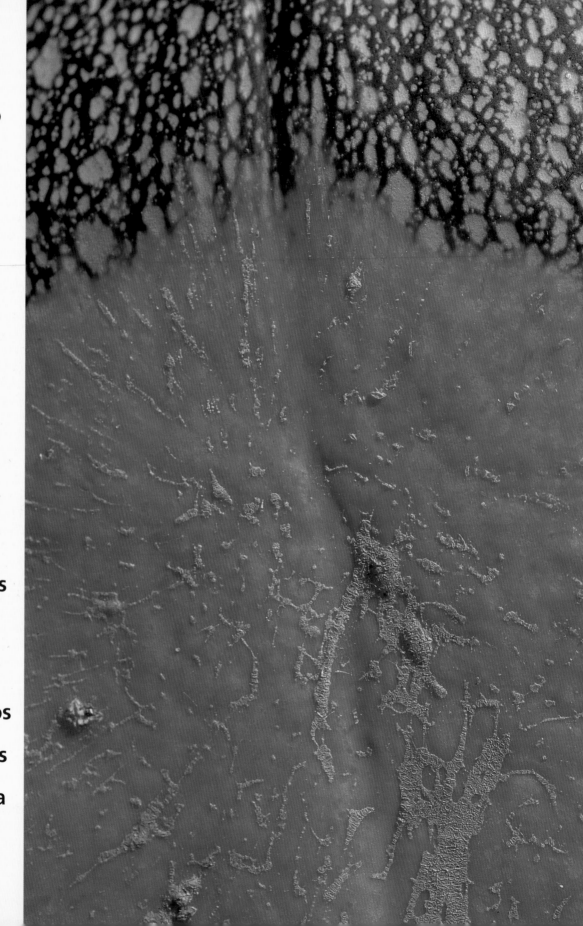

Cuando

el verano

muere,

llega

el otoño:

el verde

se hace

oro.

Entre

días

más cortos

y noches

frescas,

se secan los

sarmientos

de nuestra

huerta.

Es tiempo de cosecha,

de recoger los frutos.

Limpia los sarmientos secos, que se enredan

en tus manos como hilachas de tiempo.

Los maduros tesoros

vas transportando,

a un lugar agradable

que has preparado.


¡El círculo de las calabazas

es realmente extraordinario!

¡Con estos dorados frutos

nos sentimos millonarios!

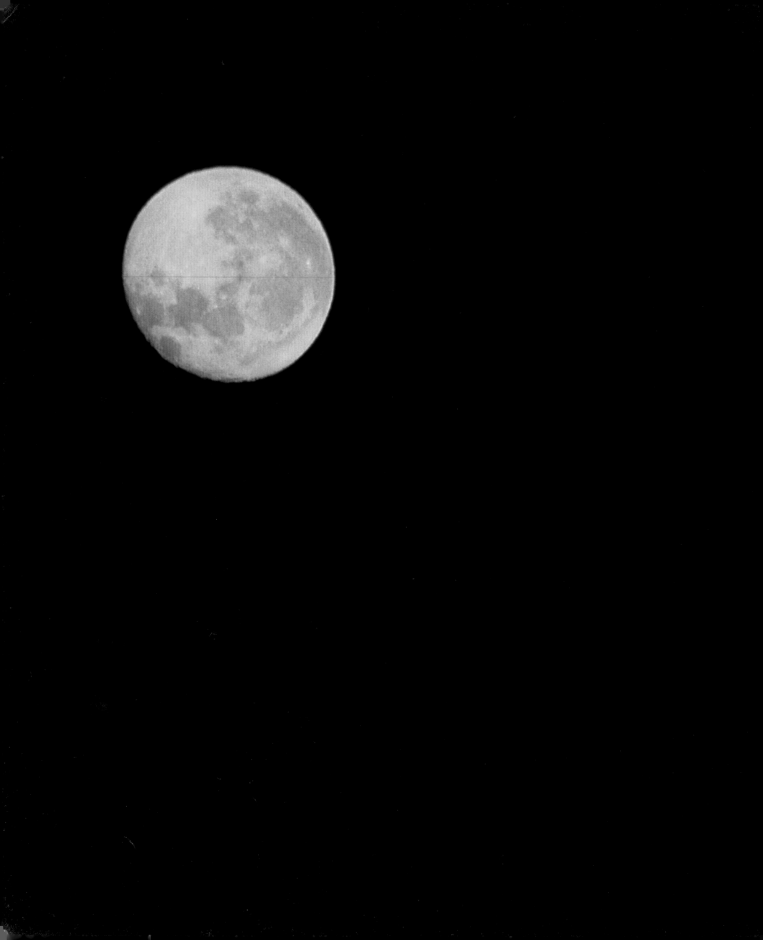

**Les has tallado caras,**

**has colocado velas,**

**¡déjalas en el porche**

**junto a las escaleras!**

Y entonces...

Cambian las calabazas

día por día:

les van saliendo arrugas,

se vuelven tan raras,

como si se desinflaran

sus pobres caras.

Y a la tierra regresan

poquito a poco

fundiéndose con ella

en rico abono

para que crezcan otras:

¡qué misterioso!

¿Cómo empezó todo esto?

¿Sabemos de qué se trata?

¿Es la Madre Naturaleza

o es el Rey Calabaza?


De algo estamos seguros,

el círculo no tiene fin.

Las semillas dan frutos

y los frutos dan semillas:

¡es un ciclo infinito

como un mar sin orillas!

# CÓMO CULTIVAR CALABAZAS

## Variedades

Hay muchas variedades de semillas de calabaza, y cada calabaza es única. Los colores de las calabazas van del blanco al naranja pasando por el rojo llama, y su peso oscila de algunas onzas a más de 500 libras.

## Dónde, cuándo y cómo plantar

Elige un terreno soleado que reciba por lo menos seis horas diarias de luz solar directa. Siembra las semillas en primavera, cuando las temperaturas estén alrededor de los 70 grados. Haz montones de tierra blanda de unos 3 pies de diámetro y planta de 4 a 5 semillas en su parte superior, a una pulgada de profundidad. Entre 7 y 14 días después aparecerán los primeros brotes. Las calabazas necesitan unos 120 días para crecer.

## Crecimiento y reproducción

Durante las 10 primeras semanas, la planta de calabaza desarrolla hojas, raíces y zarcillos. Luego brotan los capullos. Las flores masculinas (página 19), que aparecen primero, se asientan sobre largos y delgados tallos, mientras que las femeninas (página 18) crecen más cerca de los zarcillos como reinas sentadas en crespos tronos redondos... calabacitas a la espera. Las abejas son las casamenteras porque recogen el polen de las flores masculinas y lo depositan en el interior de las flores femeninas mientras absorben su dulce néctar.

## Protección

Topos, escarabajos, insectos perforadores, áfidos y moho son algunos de los visitantes indeseables que acosan a la resistente planta de la calabaza. Es necesario vigilar la posible aparición de cualquier irregularidad durante el período de crecimiento, especialmente en las hojas, y pedir consejo a tu tienda de jardinería sobre los remedios si se presenta alguna. Una planta saludable, bien nutrida, bañada por el sol, libre de la competencia de malas hierbas y adecuadamente regada, está en la mejor situación para resistir los peligros y recuperarse de los ataques.

## Efectos especiales

Para favorecer el crecimiento de la clásica calabaza redonda, haz que la base del fruto joven se apoye bien en el suelo. Para escribir nombres en las calabazas debes esperar hasta que los frutos tengan, por lo menos, el tamaño de una pelota de tenis. Graba las letras en la calabaza con la punta de un clavo, teniendo cuidado de no penetrar más de $\frac{1}{8}$ de pulgada en la cáscara de la calabaza y limpia inmediatamente las marcas. Las letras se sellarán e irán expandiéndose con el crecimiento de la calabaza.

## Consejos para la cosecha

Cuando cortes las calabazas deja unas pulgadas de tallo: esto hace que se mantengan frescas durante más tiempo. Guárdalas en un lugar fresco y seco y se conservarán hasta la primavera siguiente.

**Para más detalles, consulta el Pumpkin Circle Website en http://www.pumpkincircle.com.**

Text copyright © 1999 by George Levenson
Photographs on pages 1 (seed background), 4, 11, 15, 19, 23, 24, 25, 30, 36, 37, and 40 (signs and bottom image) © 1999 by George Levenson
All other photographs © 1999 by Shmuel Thaler

All rights reserved. No part of this book may be reproduced in any form without the written permission of the publisher, except in the case of brief quotations embodied in critical articles or reviews.

Tricycle Press
a little division of Ten Speed Press
P.O. Box 7123
Berkeley, California 94707
www.tenspeed.com

Interior design by George Levenson and Tasha Hall
Cover design by Jean Sanchirico
Type set in Frutiger
Developmental editing by Barbara Fuller

Library of Congress Cataloging-in-Publication Data

Levenson, George.
Pumpkin circle / George Levenson; photographs by Shmuel Thaler.
    p. cm.
Summary: Rhyming text and photographs follow a pumpkin patch as it grows and changes, from seeds to plants to pumpkins ready to harvest, to jack-o-lanterns and then to seeds again.
ISBN 1-58246-004-3 (English hc)
1. Pumpkin Juvenile literature. 2. Pumpkin—Life cycles Juvenile literature. [1. Pumpkin.] I. Thaler, Shmuel, ill. II. Title.
SB347.L48 1999
635'.62—DC21

99-20081
CIP

First English language printing, 1999. / First Spanish language printing, 2002.
Printed in China

ISBN 1-58246-086-8 (Spanish hc) / 1 2 3 4 5 6 7 — 06 05 04 03 02
ISBN 1-58246-083-3 (Spanish ppk) / 1 2 3 4 5 6 7 — 06 05 04 03 02